JN438264

인생길 나들목

세종 이 석 봉 시집

다솜출판사

시인의 인사말

저는
알루미늄 합금 공장을 창업하고 경영하느라
평생 동안 앞만 보며 직진하던 나의 인생길에서
우연히 어느 지인의 소개로 문단 활동을 시작하게 되었습니다.
시인으로서 글 쓰는 것이 노후 취미 생활로는
매우 나의 적성에 잘 맞는 것 같습니다.
항상 긍정적인 마음으로 인생을 즐겁고 행복하게
대인 관계에서는 항상 논리에 맞게 말하며
적을 만들지 않고 포용하는 마음으로
적극적으로 바르게 살아갈 것입니다.

내 가슴속에 흐르는 서정적 강가에서 "인생길 나들목"이
될 만한 작품들을 모아서 시집으로 발간해 보았습니다.
작품 시집이 부족한 것이 많겠지만
선후배 문인님들께서 격려와 박수로 응원해 주시면
더욱더 좋은 작품 활동으로 보답하겠습니다.

특히 2022년도 "부산문화예술창작지원사업" 지원금으로
개인시집을 발간할 수 있도록 저의 작품을 선정해 주신
심사위원님들께 진심으로 감사의 인사를 드립니다.

일평생 남편을 믿고 영원한 내 편이 되어서
언제나 힘과 용기를 북돋아주는
나의 영원한 친구이자
나의 사랑하는 평생 동반자 김순화 아내에게
이 시집을 받칩니다.

그리고
평생 나의 수족처럼 말없이 많이 도와주는
아내에게 이 소중한 기회를 빌어서 감사하고
고맙다는 말을 꼭 전하고 싶습니다.
"여보 고맙고 사랑합니다"

사랑하는 두 딸 선미와 선정이 큰 효도에
항상 고맙게 생각하고 사랑한다.
우리 사위 재모야 사랑한다
두 딸들이 가정에도 항상 웃음이 가득하고
건강하여 행복이 충만하기를 기원한다.

친애하는 천성문인협회 회원 선생님들께서도
천성문인협회 발전을 위하여
회장의 통솔에 적극적으로 단결 협조하여
보필하여 주시는 임원진들과 회원들에게도
감사의 인사를 드립니다.

2022년 7월

세종 이석봉

목 차

제2장 꽃들의 향연

제3장 동반자의 노래

제4장 자연의 노래

시집 추천사

제1장 길을 걸으며

길을 걸으며

차 한잔 추억을 담아 앞에다 놓고
오던 길 되돌아보며 주름을 세어본다

시詩 한 줄에 졸고 있는 가을
오색 찬란한 잎들 위에서
삶의 교향곡을 지휘해 보고 싶다

꽃향기는 퇴색되어 흩어지고
차갑게 다가오는 겨울을 맞는
운명의 인생길
세월과 함께 걸어가고 있다

어느덧 황혼 녘인데
자꾸만 내일로 미루다 보면 없어지는 오늘
허무한 걸음으로
이승에 머물지만
내일의 희망과 사랑을 찾아
길을 나선다

연인

만날 수밖에 없는 운명일까
서로의 눈에 들어오는 빛의 파장이 같았다
오래도록 찾아 헤맨 것도 아닌데
보자마자 시각視覺 속에 음각陰刻으로 조각되었다

밤낮 잊으려 해도 생각이나서
불안한 마음이 소유욕으로
변질하여가는 이행기移行期에
숨 가쁜 질투
더 이상 떼어 놓을 수 없는 망령처럼
머리에 붙어다닌다

화소를 더 높여
밤낮 생각하다가
푸른 하늘 쳐다보며
흐르는 구름과 아름다운 색깔로
당신을 신뢰로 안고 싶다

가을비 내리는 농막에서

예쁜 잎들이 차가운 비에 젖어도
화려했던 색깔만은
퇴색되지 않았으면 좋으련만
세찬 바람이 불어 오고
질퍽한 삶의 길을 헤매게 되어도
농막에는 믿기지 않게
우정의 호흡이 되살아난다

평소 자주 만나지 못한 사람들
오가는 언어가 속살같이 부드럽고
늦가을 비에 젖은 농막에는
어둠이 사라지며
시간이 갈수록 다정한 불빛이 밝다

농막은 비록 초라하기는 하지만
바베큐 굽는 향기 속에서
소주잔 부딪치는 소리에 웃음꽃이 피어난다

이제,
모든 것이 늙어가는 황혼 녘
저 강너머 보이는 미지의 문을 열고 들어갈

소중한 시기를 앞에 두고
한잔의 술잔으로 시향詩香에 젖어
친구들과 함께 우정을 나누는
시간이 즐겁기만 하다

당신의 헌신

60대 중반까지 앞만 보면서
쉬지도 못하고 살아온 길
쓸데없는 노력만 쌓아놓은 듯
가끔 허무한 생각이 듭니다

삶이 힘들다는 것을 알면서
서로 믿는 마음으로 살아온 발자국이었건만
미래로 향해 한 발짝씩 떼는 발걸음은
쉽지 않았습니다

계단마다 오르는 서툰 나의 발걸음을
온 힘을 다해 부축해 주던
당신
나는 행복했습니다

삶의 나들목에서 만나
40년 세월이 흘러온 당신의 헌신
나는 온몸을 다해
사랑을 가득히 채워
당신께 바치렵니다

연잎

삼복더위 속
내리는 보슬비가
연잎 위에서 구른다

잎에 떨어질 때
바람이 흔드는 질투에도
연잎은 너그러운 마음으로
빗방울을 받아 들인다

비우고 또 비워도
비운만큼 다시 모여드는 빗방울

인생살이 60년 중반
무엇을 비우고 살았을까?
연잎은 계속 비우기만 하는데….

도시 농부

꽁꽁 얼었던 대지 위에
봄비가 대지를 촉촉이 적신다

고추와 토마토를 심어 놓은
텃밭에
가지도 한이랑 줄지어 싹을 낸다

도시 농부의 손길은 서툴지만
하얀색, 보라색
꽃피울 날 기다리는 마음
흙의 따뜻한 숨결이 애틋하다

노후의 꿈

개구쟁이 시절지나
지난날이 하얗게 바래어가는 길목에서
바람이 나이를 핥아먹은 세월에
추억 속을 걷는다

꿈 많던 한여름 밤이 지나고
추억이 조각으로 흩어지는
오늘

열심히 달려온 시간들
계획을 세워가며
달음박질해 왔건만
종착역이 어디인지 보이질 않는다

걱정과 근심이 없는 끝이 어디일까?
노후에 맞이하는 꿈은 무엇일까?

살뜰히 바라며 살았던 희망
여유롭고 자비로운 삶을 바라고 싶다

아내의 빈 자리

일본 여행으로 떠나버린 가족
허전하고 텅 빈 집안이
너무 크게 보인다

아내가 집에 있을 때는
옆에 있음이
소중한 줄 몰랐는데
빈자리를 보면 어쩐지 어색하고 쓸쓸하다

자꾸만 "있을 때 잘해라"라는 말
농담인 줄 알았는데
내 귀에 맴돌고 있다

소중한 아내가 여행에서 돌아오면
더욱더 사랑하고
살아생전 오래도록
아끼며 행복을 주고 싶은 마음
빈자리를 채운다

친구의 정

나를 둘러싼 친구들
생각만 해도 기분이 좋다
모닥불을 가운데 두고 둘러앉았는데
우리의 가슴이 따뜻해진다

모닥불에게 물었다
너는 친구도 없는데 왜 따뜻한 열을 내나?
아무 말 없이 토닥거리며 타는 소리만 내고
대답이 없다

우리 서로 궂은일 만나면
함께 걱정하고
좋은 일 생길 때
기쁨 서로 나누면서
친구들의 가슴이 따뜻해지지만
모닥불은 뜨겁게 타면서도
대꾸가 없다

행복한 휴가

계곡물 흐르고
짙은 사랑 머무는 곳으로
떠날 채비에 마음이 바쁘다

꿈속에서 지은 작은 별장에
설레는 마음으로
된장찌개 끓여보고
행복을 짓는 기분으로
아내 대신 밥도 지어본다

행복한 시간은 빠르게 지나고
기쁨을 감추지 못한 마음은
휴가가 너무 짧게 느끼게 된다

돌아오는 차 안에서
피곤이 덜커덩거린다
왔던 길을 다시 돌아가는 인생 여정
짧은 휴가라도 모두가 행복하다

부부

부부란 무엇인가 묻는 이가 많다
반쪽들이 만나 하나가 된다느니
한 몸 되어 세상을 살아간다고
제멋대로 근사한 말 골라서 한다

스물일곱에 결혼하여
예순일곱 되도록 살아왔다

사랑하며 싸우고
싸우며 사랑하고
끝없는 갈등 속에 살아온 나날들

앞장서서 걸어가려는 욕망을 따라
아내도 남편도 서로 바라 볼 시간을 놓쳤다

인격을 존중하고
진실로 사랑하며 상대를 인정할 때
참다운 사랑의 부부가 되는 것 아닐까?

아내께 하고픈 말

여보,
인생길 별거 있나요?
듣고 싶은 노래 있거든
차 한잔 앞에 두고 들어 보세요

만나볼 사람 있으면
만나서 스트레스 풀고요

갖고 싶은 것 있으면
자신이 할 수 있는 능력대로
가지면서 살아요

욕심 없는 당신
살면은 얼마 산다고
긍지를 잃어가며 살지 말아요

후회 없이 아름답게 살아갑시다

새벽 열차

새벽 열차에 몸을 싣고
동해로 달린다

동녘에는 어둠이 차츰 걷히고
산 능선 위로 일출이 시작된다

산야를 하얗게 물들인
아카시아의 진한 향기는
코끝을 진동 시킨다

긴 터널 지나 청도 부근에서
농촌을 깨우는 트랙터가
농로 위로 기어가고
나를 실은 기차는
기적을 울리며
새벽길을 달리고 있다

인생길 나들목

육십대 중반을 넘어서면서
앞만 보며 달려온 지난 세월
인생길 나들목에서
만감이 교차한다

맨주먹으로 꿈을 이루려
이겨낸 도전들
내일을 저당 잡히고
살아가는 고단한 나날들
인생의 갈림길에서
이제야 겨우 삶이 보인다

몸에 밴 근검절약에
사원에서 이사로 승진을 하고
회사를 창업하여 경영자로
안정적 기반을 마련하기까지
경황없던 날들이 꿈처럼 지나간다

인연의 소중함과 배려 속에
살아가는 나들목
진정한 삶의 의미를 찾으려
끝없는 문학의 길에서
시詩의 행간을 기웃거린다

치매

치매는 나이를 깎아 먹어 아기를 만든다
어릴 때 부르던 노래는 익숙하지만
최근에 부르는 노래는 너무 어렵다

과거 속에서 살아야 하는 여인
더 이상 복잡한 생각은
아예 비우고 살아야 하는 운명

인식이 무너지고 육신도 허물어지기 시작한다
불쌍한 생각이 든다
무엇 때문에 이렇게 되었을까?
누구나 걸어가야 하는 늙음인데
엄습해 오는 현상은 자식 몫이 되었다

많은 친구는 이미 길을 떠나고 없는데
나는 외로움으로 만든 옷을 걸쳐 입고
초점 잃은 눈으로 멍하니 앞산만 바라볼 뿐이다

판단조차 위탁해야 하는 절실한 현실
차츰 자식들도 하나둘 떨어져 나간다

어미의 젖을 빨며 살아왔던 과거가 없어지고
요즘, 저절로 생겨난 신神과 같은 존재로
옷을 갈아입었다

모두가 걸어가는 발걸음이 빨라
효도는 전설로 사라지고
깡그리 잃어버린 생애에
치매가 잔인하다

부마 민주항쟁

부산 서면 상업고등학교 운동장
'노무현 이기택 김광일
전두환 호헌철폐 직선제 개헌'
외치는 학생들은 목이 터져라 외쳐댄다

부산 시민들
8차선 대로 가득 채우고
시위 행진을 시작하니
중무장한 백골부대 전경들이
최루탄 총을 시민 머리 위로 마구 쏘아 댄다

아스팔트 위에 던지는 사과탄이
무작위로 굴러오고
당황한 시민들 앞에는
곤봉이 시민을 향해 마구 춤을 춘다

눈물 콧물 범벅이 되어
눈을 못 뜨고
숨 쉴 수 있는 권리조차 빼앗긴 군중

나는
뒷골목으로 도망치며
'전두환 호헌철폐!
직선제 개헌' 을 외치고 있었다
메캐한 최류탄 냄새 사그라들면
또다시 대로로 행진한다

부산 상가 상인들과 시민들은
육교와 빌딩 위에서
힘 내라고 용기를 주며
포장된 사탕과 빵을 학생들에게
마구 던져 준다

회사 퇴근 후 사명감으로
날마다 시위에 버릇처럼 참석해
목청껏 외치며 앞장 선 결과
노태우가 항복을 선언하고
직선제 개헌 담화문 발표한 것이 엊그제 같다

가을을 걸으며

오솔길을 걸으면
길섶에 구절초가 애처롭게 피어
슬픈 표정을 짓는다

차가운 안개가 피어오르는 산정
구름이 살짝 스쳐도
와르르 무너질 것 같은 하늘
푸르고 얇다

오솔길을 걷노라면
어릴 때 함께 하던 친구 생각에
낙엽을 주우니
내딛는 발걸음에 그리움이 슬프다

늙을 줄 몰랐던 어린 시절
한여름 밤에 꾸었던 꿈과 같이
기억이 되었다가 곧 사라진다

나는 추억에 잠겨 가을을 걷는다

님과 함께 걷는 꽃길

꽃비 내리는 광안리
사랑하는 이와 함께 꽃길을 걷는다
빨리 가면 멀리 흩날려 버릴까 두려운 마음에
손잡고 천천히 걷는다

꽃비가 내리지만
옷에는 스며들지 않고
자꾸만 흩날려
잡으려 해도 잡히지 않는다

행복을 느끼며 걷는 이 길
봄이 아니면 어떻게 맛볼 수 있을까?
아름다운 한 폭의 그림을
어떻게 내 마음에 담을 수 있을까?

시간이 젊음을 거두어가기 전
꽃비가 바람에 날리지 않게
한 걸음이라도 조심스레 님과 더불어
꽃길을 걷는다

당황스러운 길

어느새 어두움이 찾아와 당황스럽다

어두운 길이라 생각 못 하고
무심히 걸어온 길
어느 정도 걸었다 싶어
고개를 들면
주위가 이미 어두워
하늘이 보이지 않는다

나는 광야에서
두 갈래 길을 만나
당황하지 않을 수 없었다

아무리 나그넷길이지만
어둠과 빛으로 나뉘는
두 갈래에서
방황하는 것은
슬픈 일이 아닐까?

비행기 속에서 길을 걷다

비행기를 타면
들뜨는 마음에 환희가 가득하다

구름 위를 나르는 기분은
천국 길을 걷는 느낌과 같은 행복을
누군들 느끼지 않을 수 있을까?

비행기 속에서는
무엇이든 이룰 것 같은 용기를 가지고
가야 할 길을 생각하며 여행을 한다.

비행기 속을 아무리 걸어도
비행기보다 한 걸음이라도 먼저 가고 싶지만
가지 못하는 형편에
용기가 부끄럽다

황당한 길도 있더라

우리에게 소중한 길이 있습니다
누구든지 걸어갈 수 있는 길이지만
진실한 사랑으로 걷는 이는 드문 것 같습니다

길섶에서 서성이다 꽃으로 피면
내가 가진 꽃가루가 생명의 원천임을 알면서도
조심성 없이 마구 뿌려댑니다
겁도 없이 책임감이란 것을 뚤뚤 말아
바람에 날려 보낸 지 오래됩니다

나를 쳐다보는 꽃마다 다 임신을 합니다
사회복지를 위해 인구수가 줄어든다고 걱정을 하는데
나의 행위가 보탬이 될 것이 분명하다고 생각 되지만
이상하게도 사람들은 옳지 않다고 나를 싫어합니다

어느날 사람들은 심각한 얼굴로
법조항을 내놓으며 도덕경까지 들이 댑니다
살아가는 데는 규칙이라는 것이 있나 봅니다
거미줄같이 심하게 얽혀 있는 듯 합니다

태어나는 것도 중요하지만
숫자를 줄여나가는 법칙이 있나 봅니다
서로가 충돌하는 규칙인가 봅니다
바보 같습니다

나는 복잡하게 머리를 굴리기 싫어
소중하고 깨끗한 길을 택했습니다
세상이 거꾸로 보이다가
바로 놓이는 현상을 보게 됩니다

잡초

사랑을 옳게 받지 못하고
뽑혀 버리는 운명이 슬프다

아무도 관심 없어
천대받는 기분이 별로다

애써 꽃을 피워도 아름답지 않고
아무데서나 마음대로 자란다는 트집에
삶이 곤혹 스럽다

남의 눈을 피해
땅속에 몸을 숨길 수 있다면
아무도 보지 못하게
뿌리와 함께 살고 싶다

지나가는 발자국이
나를 문드러지게 해도
삶도 역시 귀하다는 것을 여겨주는
사람이 있다면
나는 행복에 젖겠다

자식 자랑

시골이나 도회지나 연세가 많아
외로움에 등 굽은 노인들을 볼 수 있다

통통하고 잽싼 행동에 칭찬받던 시절은 가고
흐느적 거리며 꿈틀대는 모습에 미움을 산다

자식 자랑만 널어놓던 사람들
어쩐지 자신은 보이질 않는다

꼬시라기 제 살을 뜯어 먹 듯
제 살점 뚝뚝 떼어 먹는 자식들이
무엇이 그렇게 자랑스러운지
듣는 이들은 너무 지루하다

무뚝뚝하고 탁한 음성에
자랑할 수 없는 일들을 자랑하는 노인들
점점 가까이 다가오는 하늘길이 부끄럽다

제2장 꽃들의 향연

꽃들의 향연

봄의 창문을 활짝 열면
내 작은 뜨락에 햇살 내리고
꽃향기는 정원을 가득 채운다

잡초에도 나무에도 이슬이 맺혀
영롱한 빛을 낼 때
나는 사랑에 가슴을 연다

어제보다 성숙한 오늘
꽃봉오리는 차츰 꽃잎을 열고
내 작은 심연에 살고 있는
사랑의 고백을 끄집어낸다

갖고 싶지만 갖기 어려운 행복
희망과 욕망 속에서 자라나는 바램일까?

꽃이 없는 인생이 어디 있을까 마는
피고 지는 꽃들의 틈새가 짧거나 길어도
사랑을 머금은 꽃들은 행복할 뿐이다

꽃 속에는 항상 님의 얼굴이 미소 짓기에
이제
사랑의 향연이 시작되고 있다

겨울 동백꽃

하얗고 차가운 눈에 슬픔이 젖어 있어
다시는 그리워하지 않겠다고 맹세했건만
붉게 타오르는 입술 감출 수 없다

시간은 가는데
멈추어 버린 마음
가눌 길 없어
붉은 꽃잎은 지쳐버렸다

태양을 닮고 싶은 마음으로
끝없는 사랑을 속삭여도
나타나지 않는 님
원망을 해도 소용없는 나날들
차가운 바람에 속만 시리다

님의 이름을 불러봐도
혀끝에만 맴돌다 눈 위에 떨어지는
붉은 마음
꽃송이가 서럽다

동백꽃

태종대 둘레길을 걸으면
동백꽃 향기에 취하게 된다

따뜻한 커피 한잔 마시며
앉아있는 휴게실의 창넘어에는
동백꽃이 붉다

세찬 바닷바람 시샘에
속절없는 동백 꽃잎들
절벽 아래로 낙화하는 모습이
먼 옛날 낙화암 생각을 떠오르게 한다

피하지 못한 절박한 사연에 쫓겨
몸을 던지려 하는 애꿎은 사람들
자살 바위 앞
모자상은 애틋하게 만류를 한다

꽃향기를 삼키려는 절벽 밑 파도
돌아서는 마음에
낙화하는 동백꽃에 허무만 남긴다

봄꽃 소식

어느새 봄이 와
나의 육신에 피가 돌기 시작할 때
나는 게슴츠레한 눈을 뜨고
수줍음 속에서도 당신을 찾고 있다

내가 만일 아지랑이라면
따뜻한 속삭임으로
당신의 가슴을 흔들어 깨우고 싶다

안개 피어나는 날
나를 숨겨서라도
당신 곁에 머물러서
나의 숨결을 당신에게 불어 넣고 싶다

우리 서로 만나면
기쁨에 젖어
역동적인 삶으로
사랑의 꽃을 피우고 싶다

원동 매화꽃

토곡산 정기 내린 기슭에
낙동강 줄기 따라 지나는 철길은
이미 누워 잠든지 오래다

기적소리 울리며 매화꽃밭 속을 달리던
원동역을 출발한 경부선 열차

순매원 매화꽃 밭에는
청매화 홍매화가 만발하고
아름다운 꽃밭을 점령한 상춘객들이
놓치기전에 친구들과 추억을 사진 속에 담는다

매화꽃 향기와 연초록에 흠뻑 도취 된
나
나비처럼 이곳저곳 옮겨가며
추억을 만든다

목련화

한적한 농촌
야외 결혼식장
축하객이 모였다

하얀 드레스를 입고
탁 트인 가슴에 백옥 같은 속살이
앙큼하게 내비치는 신부
뽀얀 얼굴이 예술이다
아름답다 못하여 청순함이 우러난다

천사 같은 신부가 생긋 웃는 얼굴이
하얗고 우아한 목련꽃 되어
온종일 뇌리에서 떠나지 않는다

오늘이 지나면
보고 싶은 마음이 커질 것 같아
아름다운 목련을 사진 속에 조용히 담아본다

개나리꽃

가슴에 봄을 젖게 하는 보슬비에
아낙네를 유혹하는 보드라운 쑥들이
뒷산 언덕에 푸른 얼굴을 내민다

엄궁동에서 가장 먼저 해가 뜨고
늦게 지는 대림 아파트 정문에
활짝 핀 개나리꽃이
노신사 가슴을 설레게 한다

봄의 전령사인 개나리꽃
노란 모자와 옷을 갈아입고
노신사 품속으로 향내가 날아든다

꽃가지 하나 꺾어 들고
사랑하는 여인의 가슴에
봄을 심는다

꽃 길

해운대 꽃길 걸으면
내 마음에 분홍빛 그리움 흩날립니다

파도 소리 들리는 해변에
줄지어 서 있는 벚나무 사잇길
사랑하는 연인들도 속삭이며 길을 갑니다

하나씩 떨어지는
연분홍 하얀 꽃잎들
추억되어 말없이 쌓여갑니다

꽃잎은 잠시 피었다 진다 해도
벚꽃 터널 속 연인들
사랑을 속삭이며 걷고 있습니다

벚꽃 터널

향기 가득한 벚꽃 터널
화사한 미소와 아름다운 자태도
어젯밤 강풍에 속절없이 나뒹굴어
떨어져 버린 꽃잎들
애처로운 마음이 터널을 지난다

영화로운 순간 뒤에
내보이기 싫은 쇠락
거부할 수 없는 세월이구나!
세상사가 어찌 내 마음과 같을까?

떨어지는 꽃잎을
아쉬운 마음으로 두 손 벌려 안아봐도
안타까운 생각에 괴로움만 더하다

준비하지 못한 이별 불현듯 다가와도
벚꽃 터널을 지나면
내년 봄을 위해
꽃 진 자리 초록빛 새살이 돋아나겠지

벚꽃길 사랑

못다 한 사랑이
애달픈 젊은 날의 노래 되어
벚꽃으로 흩날린다

걸어온 길목마다 부푼 꿈이 서려
질곡의 계곡을 만날 때마다
곱게 피우지 못한 채
물 위에 흘러가는 벚꽃잎 사랑

꽃잎 닿지 못한 꽃길 너머에
나를 기다리는 사람이 있어
기쁨을 가득 실은 발걸음마다
그리움 가득한 벚꽃길 사랑

광안리 벚꽃

멋있게 앞섶을 풀어 헤치고
옷깃을 세워 밤길을 걸으면
가로등 불빛이
벚꽃길 터널 속으로 들어서게 한다

거센 바람 부는 광안리 해수욕장
벚꽃 흩날리는 밤이라도
나는
사랑하는 사람과 꿈길을 걷는다

바닷바람 세차게 불어오면
꽃잎 타고 하늘에 오르기도 하고
멀리멀리 날려간 꽃잎 되어
낯설고 물설은 어두운 대지에 내려도
밤새 연인과 속삭이게 된다

파도 소리 곁 들으며 지나는 해변 길
광안리 벚꽃 터널에는
사랑이 짙게 피어오른다

아파트 길가에 핀 벚꽃

어릴 적부터 이사 온 아파트 길
벚꽃은 터줏대감이 되어
이웃들과 더불어 살아가고 있다

삼천여 주민에게
여름에는
뜨거운 태양을 막아
그늘 되어 주고

봄이 되면
화려한 레이스가 달린
백옥같은 드레스를 차려입고
즐거운 미소로 인사하는 신부가 된다

오가는 시선이 부끄러워
길가에서 피고 있는 꽃잎들
아름다운 모습을 놓치지 않으려
한 컷의 그림이라도 간직하려
손에 폰을 들고
꽃 그늘 아래로 모여들고 있다

아쉬운 벚꽃

싱그러운 아침 햇살을 받으며
미소 가득한 얼굴로
벚꽃 터널 속을 거닌다

밤새 강풍에 헝클어진 머리카락은
아스팔트 길가에
꽃잎 되어
하얀 눈처럼 쌓여 있다

떨어진 꽃잎에 다가가
애달픈 사연을 들어 본다
이야기마다 진한 전율에
찡한 마음

불어오는 봄바람에
슬픔을 몽땅 걸어
하늘 높이
구름 위로 날려보낸다

진달래꽃

실개천에 살얼음이 녹아 흐르면
진달래꽃 능선따라
남녘에서 북녘으로 오르며
강산은 온통 옅은 보랏빛으로 물들어 간다

진달래 피는 4월
한恨들이 서려 있는 계절이 되어
보랏빛 사랑의 상처를 어루만지며
꽃봉오리를 열게 합니다

행여나 님이 오실까 기다리는
희망 버리지 않고
후회나 원망을 말없이 간직한 채
진달래는 꽃을 피우고 있습니다

가는 길이 험하고 어려워도
새로운 생명을 잇기 위해
끊임없이 노력하는 진달래
보랏빛이 더욱 아름답게 보입니다

진달래 향

소리 없이 피고 속절없이 지는 진달래꽃
퍼렇게 멍든 마음
하소연할 수도 없는데
내가 어이 향내를 맡을 수 있을까?

붉기조차 두려운 사랑
차라리 연분홍 보랏빛으로
가엾은 노래라도 부르고 싶다

하루하루 님을 기다리는 마음
버리지 않고
진달래 향으로
뒤이어 다가오는 철쭉에게
길을 비켜주며 가야하는지
바람 더러 물어봐도 소리 없이 지나친다

철쭉꽃

솔바람에 나뭇가지 춤추면
내 마음은 붉게 타오릅니다

님을 기다리는 마음
차가운 겨우내 감추었던 그리움조차
조용히 늙어가고 있습니다

철쭉꽃 피는 계절이 되면
그대가 어디에서 무엇을 하는지
그리움만 점점 더해옵니다

언제나 철쭉꽃이 피면
그대 생각이 내 안에 살게 됩니다

황매산 철쭉꽃

무엇 때문에 꽃이 필까
마음속 수줍음 때문일까
사랑으로 피어나는 환희때문일까?

그리운 이 찾아 나서는
따스한 바람이 진달래를 깨우면
우뚝 솟은 황매산에 피는 철쭉꽃들
얼굴을 붉게 화장하기에 바쁘다

그리움이 점점 더 붉게 짙어지면
꽃송이마다 익어가는 향기가
온 산에 퍼진다

여인의 붉은 치마를 덮은 듯
연분홍으로 물든 산과 들에
내 마음 곱게 그려 넣으면
황매산 철쭉꽃은 사랑으로 물든다

철쭉꽃 블루스

황매산
화려한 꽃길에 들어서면
연분홍 원피스를 걸치고
블루스를 추는 연인들의 열기가 뜨겁다

검은 피부를 가진 사람들 사이에서
발생한 음악은 19세기를 거쳐
황매산까지 오다니
세계가 좁아지고 세대를 구별키 어렵구나

바람은 블루스를 놓지 않고
붉은 철쭉꽃 사이를 지나며
나무를 흔든다

하늘과 맞닿는 정상이나
화폭에 길게 그어낸 능선에도
화려한 철쭉꽃은 블루스를 추고 있다

유채꽃

낙동강 천삼백 리
굽이굽이 흘러내려 사상구에 다다르면
드넓은 둔치가 노란 옷을 입고 있다

어느새 들뜬 마음
부끄러움을 뒤로하고
님의 노란가슴에 안기고 싶다

싱그러운 향기는
나의 폐 속 깊숙이 들어와
사랑으로 영글어 정사가 시작된다

끝없이 뒤척이던 깊은 밤
잊을 수 없는 그대 모습
노란 세월 위에 아름다운 꿈을 그린다

찔레꽃

가우도 하산길에
백옥 같은 얼굴을 내민 하얀 찔레꽃
구부러진 산모퉁이에 바람이 차다

잎마다 매끈히 내려앉은 햇볕에
활짝 웃는 님의 얼굴
나를 반긴다

세월 따라 지나가는 나그네 된
나
지금은 어디서 하얀꽃을 피울까
향긋한 향내에 순정이 그립다

능소화

애태우며 타고 오른 담장
기다리는 님은 오지 않고
무심히 지나가는 사람들의 발걸음이 바쁘다

사랑을 갈구하며 기다리는 마음으로
홀연히 담장 위에 피어나는 능소화
가여운 표정이 애처롭다

기다리다 지친 마음
위로받을 길 없어
몸만 가엾게 바람에 흔들린다

아, 언제 오시려나
천년이 하루 같은 나날들
시들기 전에 만나고 싶은 나의 능소화

장미꽃

5월을 붉게 색칠하는 장미꽃
한 송이 꺾으려다
내 가슴에 한 잎 떨어져
가시가 돋았다

가시에 찔린 순박한 사랑
빛 잃은 별이 되어
어둠에서 고통을 느낀다

빛이 있어야
아름다운 꽃을 볼 수 있으련만
외로움이나 고독으로는
가시만 보이는 장미

아름다움은 괴로움이 따르고
빛은 어둠 속에서 찬란하지 않던가?

이 가슴에 붉은 장미 피어나도
아픈 가시마저 품을 수 있었으면...

오월에 피는 장미

첫사랑을 간직한
비 내리는 오월
황홀히 피어나는
사랑의 열정만은 감출 수 없다

혼자서 맡고 싶은 향기에 취해도
어느덧 가시에 찔려버린 마음
걷잡을 수 없이 아리기만 하다

싱그러운 오월 봄비가
애타게 기다리는 욕망을
언제면 먼지처럼 털어내려나

아름다움 중에 더 아름다운 그대
나 홀로 죽음을 맞서간다 해도
다가가고 싶은
그대여!

구절초

얼마나 바람에 시달려야
꽃 한 송이 피울 수 있을까

가까이 다가서면 물러서는 네 마음에
외로움의 깊이를 알 수 없어
무관심으로 지나치는 발길을
언제면 애틋한 향기로 불러 세울까?

머문 자리 마다하지 않고
백치와 같은 미소

볼 붉은 수줍음에
남 모를 설움을 삭여
들꽃 되어 피어나
고비고비 괴로움을 이겨내는
구절초로 피었구나

쑥부쟁이 닮아도
살아가는 이유야 어찌 같겠는가마는
청초한 모습에 살포시 깃든
우아한 고독이 사랑스럽다

가을 코스모스

계절의 옷을 벗어버리고
늦은 봄
늦여름에 꽃을 피우는 코스모스
병들어버린 환경따라 길을 걷는다

여기까지 올바르게 계절따라 왔건만
짙푸른 가을 하늘에
하얀 솜털 구름이
고운 햇살에 누워
강물에서 쉬어 가고 있구나

낙동강 하구언
늦가을을 맞이하는 코스모스
열병閱兵해 있다

가을을 맞이하는 저녁노을이
코스모스 꽃향기를 맡으며
하늘은 점점 더 푸르게 높아진다

풍요로운 들판에 추수한 농가가
행복에 젖고
가을이 코스모스 꽃 위에서
무르익고 있다

코스모스 꽃

낙동강 에메랄드 물 위에
청명한 흰 구름
가을볕에 눈부시다

은물결 일렁이는 강에는
살찐 숭어가 뛰고
강둑에 자라난 코스모스 꽃
수줍은 여인처럼
가을바람에 얼굴이 붉다

고추잠자리도
그리움 안고 허공을 맴돌며
가을 남자가 된다

민들레 홀씨

작은 지구
머리에 이고
하얗도록 살아온 민들레
가을바람에 흩날리는 홀씨는
먼 길 떠나려 바람을 타고
하나씩 하늘에 오른다

망설이는 가슴에 이별을 매달고
두근대는 마음을 참아가며
멀고 먼 낯선 곳으로 날아간다

수줍은 마음 접어놓고
사뿐히 내려앉은 자리에서
환한 미소로 사랑하는 이를 맞는다

간월산 억새꽃

간월산 허리에
붉은 단풍 곱게 물들고
보랏빛 쑥부쟁이 꽃길을 열면
은근한 사랑에 매혹 된다

갈바람에 넘실대는 춤사위
억새꽃 향연에
간월산 은빛 물결 속에서
묵은 때는 말끔히 씻긴다

간월재 산장 돌탑엔
중생들의 소원이 쌓이고
은빛을 가르는 긴 행렬은
무아에서 황홀경으로 내딛는 발길이 된다

간월산 정상이 청명해지면
신불산과 능선이 맞닿아 이루는 영남 알프스
여기가 무릉도원 천국과 같구나

승학산 억새꽃

비구름 걸어놓은 승학산 정상에
이슬비가 내린다

둘레길 걸음마다
지나가는 솔바람에
나뭇가지 춤추면
오묘한 화음을 일으킨다

능선 따라 걷는 길에
은색으로 서 있는 억새꽃
서로가 부둥켜 안고
춤을 추기 시작한다

가녀린 허리로
신나는 춤사위 무도회
나그네 발걸음이 쉬 뜨지 않는다

난초꽃

시원한 바람 불어오는 산자락 바위틈
보랏빛 노을이 깃들기 전
해맑은 자태로 피어나는 난초꽃

젊음의 기상을 펴
고요히 다가가는 입술에
향기가 아름답다

잔잔히 우러나는 사랑스런 그리움
온종일 고고하게 몸을 일으켜
허공에 지나가는 구름에 세월을 새긴다

제3장 동반자의 노래

동반자의 노래

날마다 못 보면 아쉽고
날마다 사랑해도
그리운 마음 누를 수 없어
서로 찾아 헤매며
가슴 뜨거워지는 사람

강산이 몇 번 변했어도
심성 고운 가슴에
그 마음 그대로인 당신
세월의 풍파에 때가 묻지 않고
가슴속엔 순정이 가득하다

엇갈리는 의견에는 서로 양보하고
따뜻한 사랑으로
길지 않은 인생을 따뜻하게 덮으며
오랜 인연에
살아가는 기쁨
당신이어라!

미소

짊어진 짐이 무거워 쓰러지려 할 때
일으키던 손
간절한 사랑이 묻어 있었죠

고요히 내미는 손으로
감싸던 얼굴
오늘도 잊지 못해
함께 하던 언덕길 올라왔네요

당신의 미소가
내 마음에 머물고 있어요

당신을 쳐다보면
눈이 부시도록 황홀해 집니다

조용히 미소 짓는 당신과 함께
저 하늘의 구름을 지나
별을 헤고 싶어요

미소 천사

다문 입 안에 감추어진
백옥 같은 하얀 치아
우아한 아름다움이 숨어있다

짧은 미소에
풍요로운 마음을 가지게 되고
지워지지 않는 추억을 만든다

소리 없는 미소는
부드러운 향기를 지니고
내 가슴속에 기쁨의 씨앗을 뿌려주는
아름다운 당신

이 세상 다 하는 그날까지
우리의 삶을 엮어갈
아름다운 천사의 미소

그대의 별이 되고 파

밤하늘에 끊임없이 반짝이는
그대의 별이 되고 싶다

새벽녘 풀잎 위에 맺히는
영롱한 이슬
그대 사랑이어라

파릇파릇 생기 도는 눈빛에
그대 손끝 가는 곳 따라
그대의 꿈이 되고 싶다

별이 되어 내려와
따뜻한 미소에
화려한 빛을 내는
그대의 별이 되고 싶다

많고 많은 사람 중에

나는 걸어가는 행운을 봅니다

많고 많은 그림자가 연속으로 지나가도
빛 하나면 사라질 것들
허무하고 우습지 않나요?

나의 그림자로 그림을 그려봅니다
그림자는 보편적인 특징을 갖지 못하지만
그리고 싶은 그림자는
검은 그림자 말고
하얀 그림자를 그리고 싶습니다

실존도 희미해지고 상상도 하지 못하겠지만
어쩌면 진실을
하얀 눈 위에 새겨놓은 그림자가 될껍니다

형체 없는 그림자
누구나 추구하지 않는 바람이 될지라도
나는 하얀 그림자를

끊임없이 그릴 것입니다
존재하지 않는 내 모습조차
하얀빛이 될 것입니다

당신을 잊지 못해
많고 많은 그림자 중에
나의 하얀 그림자로
당신을 덧칠하고 싶습니다

첫사랑

아름답다고 하지만
호기심이 가슴을 두드려
전신에 퍼져있는
말초신경을 깨워 일으킬 때
모든 것이 꿈속에서 사는 것 같다

사고思考도 인내도 중국집에서 짬뽕을 먹듯이
올바른 맛이 무엇인지 알기 어려웠다

내 심장에는
몇 톤이나 되는 물건이 떨어지는 소리처럼
쿵광대는 소리가 항타기*와 같다

뇌세포 사이를 오가는
신경세포의 화학물질이
여태껏 느끼지 못한 용기와 체면으로
장미꽃 한송이 들고
낯선 여인 앞에서 무릎을 꿇는

나
내일을 모르면서 기약하는
소리 없는 자존심
저질러 놓고 보겠다는 심상이 앞선다
그것은 내 눈에 들어오는
상대가 예뻤기 때문이다

솟구치는 땀방울이 이마 아래로 미끄러져
서서히 여인의 가슴팍에 파고든다

첫사랑은 불안한 이별이
앞에서 아른거려도
추억을 남기며
내일을 향해 조심스레 걸어가고 있다

항타기* : 땅에 파일 박는 장비

사랑하는 이유

버릴려 하면 아깝고
잊으려 하면 더욱 생각나는 것은
허황된 시련입니다

괴로움이 사랑이라면
차라리 괴로움을 택하겠습니다

아, 사랑이 이렇게 어려운 것이기에
나는 당신을 사랑하나 봅니다

기대치

사랑의 크기만큼
모든 걸 아낌없이 주고 싶은 마음에
받고 싶은 기대치도
높아지기 마련이다

실망도 불만도 마찬가지
사랑을 잴 수 있는 잣대의 눈금은
어느 기대치에서 숨을 쉬고 있을까

가덕도에서

가슴 탁 트인 수평선이 보이는
갯바위
아내와 함께 따개비나 톳을 따던
옛날이 그립다

해녀가
짊어진 망태기에 가득 채운 소라와 해산물
해녀 숨비소리가 허공에 메아리 치고
물구나무 서면
전복이 손에 잡혀있네

가덕도에는 일제 침략의 아픈 역사가 있어도
지금은
거가대교가 놓여
육지와 교통이 편리해진 곳이 되었다

혼자
대항 전망대에서 아래를 바라보면
군데군데 바위에 앉아서
낚시를 드리운 강태공들이
세월을 낚는 모습에
옛날 나의 모습이 생각난다

국제 물류 중심이 될 부산 신공항이 태어날
활주로
희망찬 상상에 벅차다

믿음으로 살아가며

사랑하는 언어가 마음 사이에 끼었다
생각과 틀리는 말이
입으로 나와 버렸다
도대체 회복이 불가능한 듯하다

마음을 가다듬고
한번 더 나를 생각해 본다
신기할 정도로 마음과 말이 틀린다

서로 다른 육체를 가졌기에
어쩜
말이란 가끔 유체 이탈을 즐겨하는 것인가

각각의 마음에 믿음과 신뢰가 수繡 놓여 있어
싸워도 승리가 없는 패잔병이 되는 것을
번연히 알면서도
다음에 오는 짙고 숨찬 포옹이 부끄럽다

소유욕은 가끔 둘 사이를 땜질하기는커녕
멀지 않은 남은 여정
신뢰의 유리그릇이라도 깰 듯하다

당신의 사랑의 언어를
내 마음 속에 깊이 담아
믿음으로 살아가련다

기다리는 마음

기다림은 애간장 태우는 마음의 가뭄입니다

나의 땅은 메마를수록
틈새를 만듭니다

기다리는 동안 희망은 뼈대만 남고
마음은 점점 가난하게 야위어 갑니다
인내의 강물은 좀처럼 흘러내리지 않습니다

비 내리는 창가에 앉아
그대를 기다리며
들이키는 한 잔의 술
나를 취하게 해도
마음만은 달래지를 못합니다

기다리는 심정은
말라가는 성욕과 같습니다
곧 점령해 버릴 것 같은 마음이

생생한 눈물 되어
시간이 흐를수록 분노로 변해갑니다

가끔
질투가 분노의 옷을 갈아입고
창을 들고 광야를 헤매는 동키호테가 됩니다

질투와 분노는 가난한 사랑일지도 모릅니다
봄의 꽃을 짓밟아 버리는
태풍과 같은 바람 되어
아름답고 건실한 열매를 맺지 못하게 합니다

기다림은 아름답고
괴롭기도 하여
무대에서 펼쳐지는
사랑의 한 장면입니다

아내

가슴 속에 심은 사랑
뿌리 깊은 노송처럼
언제나 푸르다

억겁의 세월이 흘러도
변함없는 일편단심

흐린 날이 되어도
구름을 걷고
나를 향해 열어주는 가슴
넓기도 하다

나 역시 푸르고 넉넉한 마음으로
부끄럽지 않은 행복한 손을
아내에게 내밀고 싶다

부부 사랑

똑같이 발을 맞춰 걸어온 길
다리의 길이가 서로 틀린다 해도
서로 맞추어가는 배려

내 것이 아무리 훌륭하다 해도
스스로 만들어진 것 하나도 없고
부모로부터 얻어진 생명
어찌 서로 사랑없이 살 수 있을까?

험하고 어두운 길 걸어갈 때면
두 손 꼭 잡고
넘어질까 쓰러질까 걱정하면서
사랑으로 도와가며 길을 걷는 부부

뒤뚱이는 걸음도 탓하지 않고
터널 후에 나타나는 새로운 세계 향해
빛을 따라 걸으며 행복해 한다

여보, 사랑해

당신을 만나
서로 맞추어가던 성격
닭살 돋게 살아오던 일도 있었고
때론 시커먼 구름이 몰려올 때도 있었지

진실한 사랑이
가난의 틈새에서 자라기도 했고
무성한 여름을 즐기기도 했지

당신의 무한한 사랑은 헌신적이었지만
반평생
사랑한다는 말 하기가 왜 그리 쑥스러운지
철없는 남편이 되었소

눈물 없는 남은 인생
더욱더 아껴가며
사랑하겠소

영원한 나의 친구
나의 동반자여!

여보!
사랑해요

같이 걷는 길

길을 걷는다
따로 가고 싶을 때도 있겠지만
부부의 발목은 끈으로 매여있어
리듬을 맞추며 걸어야 한다

인생길 혼자 뛰는 것이 쉽게 보이지만
힘들고 지칠 때는
홀로 걷는 길이 두렵기만 하다

화나고 불편해도
자존심 뒤로하고
백 년 동안 걷는 길은 가깝고도 멀다

어느덧 깨어 보니 노인이 되어 있고
꿈같은 세월만 하늘까지 닿아있어
괴롭고 아파도 함께 걸어야 하는 길
서로를 아껴가며 걸음을 옮긴다

동행

바람이 밀고 온
덧없는 세월을
사랑의 연결고리로 이어갑니다

고생스런 능선길 따라
그대와 손잡고
기쁨으로 별을 헤아리며 살아 갑니다

얼마 남지 않은 나날들
언제든지 즐길 수 있는 시간이
턱없이 모자랍니다

별빛 내리는 눈부신 세계에 닿을 때까지
나는 당신을 사랑으로 품으며
방황을 끝내고 행복의 보금자리를 찾을 겁니다

비록 내 영혼이 기댈 곳 없다 해도
울컥대는 마음 추슬러 가며
그대와 함께 아름다운 동행을 할 것입니다

별의 향연

지상에서 사는 이들의 소원이 너무 많음인지
깜깜한 밤하늘에 흐르는 빛은 신의 눈물인가?

아름답다고 말할까
신비하다고 말할까
왜 나의 안구에서만 반짝이는 별인지
푸른 언덕에서 함께 쳐다보던 그대였지만
지금은 어느 하늘 아래서 별을 보고 있을까

침실에 새어드는 빛
이룰 수 없는 꿈을 꾸더라도
너를 품고 싶은 마음에
그리움조차 울먹인다

초승달 너머에 반짝이는 별
너무 멀리 떨어져
애만 태우고
한 치의 거짓도 없는 순전한 보고픔이 슬프다

하늘이 무너져도
당신 위해 베풀
이 향연의 밤에
반짝이는 눈물이라도 품에 안고
함께 꿈속을 헤매고 싶다

아버지

나 어릴 적
아버지 등에 업혀
따뜻한 심장 소리 들으며
사랑을 배웠습니다

아버지의 거친 손은
어린 나의 손과 연필을 함께 잡고
동심을 한글로 키워주신 아버지

평생 희생을 의무로 느껴
손가락마다 부르터 갈라진 손으로
8남매를 인고로 키워주신 세월

90세 아버지 얼굴에
밭고랑보다 더 깊이 새겨진 주름살을 보며
가슴으로 울고 있는 불효자
큰 사랑과 은혜에 존경을 표합니다

아버지!
고맙습니다
그리고 사랑합니다

수첩 한 장에 기록된 사랑

쳐다만 봐도 두근대는 가슴
손을 잡고 싶은 충동은
어두운 곳을 좋아한다
다정함이 몸에서 스며 나와
서로를 더듬는다

손가락은 발전기에서 나오는 전율에
감각을 잃을 지경이 된다
이렇게 좋은 것이 왜 밝은 낮을 싫어할까?
노출을 싫어하는 속성을 가진 것이 사랑인가?
아님, 나만이 가지고 싶은 욕망일지도 모르지.....

뇌리에는 별이 떨어지는 충격파가
사고思考를 마비시킨다
모든 판단이 연인 쪽으로 향한다
좀처럼 방향을 바꾸려 생각도 못한다

하얀 세월 사이에 사랑으로
조각난 파편들이 박혀있다
먼 수평선 부근에 보이는
윤슬같이 반짝인다
기억이 삼삼하다

해가 지기 전
황홀한 노을에 잠겼다가
어둠이 차차 찬란한 색깔들을 거두어 가면,
환한 천국의 문이 열릴 것이다
삶이 사랑으로 승화된다는 것은
너무 어려운 것이었다

사랑의 옆면

사랑은 보는 면面에 따라
직선일 수 있고 곡선일 수도 있다
곁에 머물러도 떠날까 두려워
좋아해도 이유 없이 불안해진다

굽어진 선線들은 바로 펴기 힘들고
직선에는 옆면이 없다

부드럽게 사랑한다는 말 한마디에
직선을 타고 하늘에 오르고
굽은 선線을 타고 지옥에 내려가기도 한다
사랑하는 것은 행복하기 때문이다
행복의 문은 대게 하늘로 통하는 문일 것이다

선線들을 겹겹이 쌓아놓아 에너지를 얻어내는
배터리같이
사랑의 옆면이 보일 때까지
선線을 쌓고 싶다

제4장 자연의 노래

자연의 노래

계절이 윤회의 바퀴를 돌려도
한번 가면 돌아오지 못하는 인간
윤회의 바퀴를 빠져나와
직선으로 달리기만 한다

떨어지는 낙엽 위에
고행을 지워버리려
미련 없이
바람이 흩어버린다

고요 속에 몸을 눕힐 때
다시 소생할 봄은
내 마음에 내려와 잎새를 연다

미래를 기약하는 저 푸른 산과 들
땅에 붙어사는 생명들은
호흡을 시작한다

윤회*의 바퀴가 지구를 돌리며
자연을 노래할 때
내일이 없다고 믿는 인간

종착역이 어딘지 모를
화려한 자연의 품속으로
활기차게 달려가는 열차를 탄다

윤회* : 중생은 죽어서도 다시 태어나 생이 반복된다고 하는 불교의 교리

황령산

태백산맥 끝자락에 나누어진 갈래가
발을 디딘 곳
황령산 정상에 오르면
아름다운 해안이 보인다

먼바다가 보이는 천연의 경승지
탁 트인 광안리 앞바다에
용호동과 해운대를 이어주는
광안대교가 누워있어
사랑과 경제를 싣고 다닌다

연인과 함께
금정사
약사여래 보살상이 있는 대웅전 앞
세상 번뇌 내려놓고 하산하는
젊음이 싱그럽다

광안리 해수욕장에서

깊은 바다의 이야기가 밀려와 만든 백사장
머리를 박고 쓰러진 파도
갈가리 찢긴 육체가 하얗다

옛날 그대와 함께 거닐던 백사장에
발자국들은 파도가 쓸어버리고
아무리 바다를 원망하며 찾아도 보이질 않는다

낮이면 오가는 비키니 복이
모래를 달구면
작열하는 태양이 오히려 부끄럽다

눈물져 흐르는 물결에 밀린
밤은
아픈 가슴으로
붉고 푸른 불빛을 삼키며
성숙한 어른이 되는 이야기에 바쁘다

이기대 너럭바위

시간을 딛고 해변을 지나던 공룡
이기대 너럭바위가 발목을 잡는다
움직일 수 없다

곧 넘어가는 태양을 붙들 수 없어
잠시 쉬고 가기에는 시간이 없다
경남 고성에 먼저 도착해 기다리는 친구들
점점 걱정이 쌓인다

가까이 서 있는 오륙도가 손짓해도
갈 수 없다

이기대 바다를 겨우 비추는
초승달 눈썹 위에
이미 어둠이 앉았다

발자국을 잡아 놓은 너럭바위는
밤마다 공룡을 안아보며

환희 속에서
함께 꿈을 꾸며 지나온 세월
기어코 외롭지 않았다

태종대 신선 바위

내가 만일 신선이라면
태종대 신선바위는 되지 않았을 게다

수평선 저 멀리
거친 숨소리 내며 달려온 파도가
신선바위에 부서지는 모습이
아름답게 보이는 것이 아니라
번민으로 몸부림치는 괴로움 같다

이곳에서 자살을 하는 사람이 너무 많다
아이를 안고 있는 모자상을 세웠는데
어머니의 사랑이 생각나
자살을 포기하는 일이 많아진
자살바위를 신선바위로 부르고 있다

억겁의 세월 동안 기암괴석을 조각해 낸
태종대의 파도
억지로 해무海霧에게 묻지 않아도

하늘이 알고 바다가 안다

여기에 삶이 있고 죽음이 있다
지금 죽지 않음에 감사하는 눈물로
앞으로의 꿈을 이룬다

태종대의 파도가 시詩가 되고
노래가 되어
내 영혼을 살찌우고 있다

엄호당

승학산 젖줄을 이어받은
엄궁동 뒷산
녹음 우거진 숲속을 새소리와 함께
둘렛길을 걸으면
낙동강이 펼쳐지는 명당에
엄호당이 서 있다

동네의 안녕과 풍년을 위해서라면
빌고 또 빌던 주민들
하늘이든지 땅이든지 복을 준다면
어디든지 빌고 싶다

엄제당을 만들어 그 앞을 지날 때마다
몸과 마음을 가다듬어
단정히 제단 앞에 섰던
엄궁동 주민
엄제당은 신성한 기운을 띠기 시작했다

서로의 마음을 다 내어놓고
빌고 빌던 엄제당
세월은 이제 엄호당으로 바꾸어 놓았다

얼마나 깨끗한 정성이었든지
한번 사용한 제기는
두 번 다시 사용치 않고
새로운 제기로 정성을 다했던 사람들
아직도 엄호당은 주민의 마음을
보호하고 있다

승학산 언덕에서

하늘에 오르는 우아한 학鶴이
승학산 언덕에서 나래를 편다

억새가 자리 잡은 언덕에는
가을 햇볕이
잎들을 하얗게 반짝이게 하고
산허리에는 풍차가
시간을 돌리고 있다

그대와 함께 간직한 추억은
학鶴의 날개 위에서 꿈을 꾸며
석양에 물든 언덕을 오르내리고 있다

아, 그리운 그대!
승학산 언덕에서 다시 만나자!

우리 집 뷰(View)

내 것이 아니고
우리의 것
따뜻한 말들이 오가는 다정한 곳

앞마당에 보이는 아름다운 정원
흘러가는 낙동강에 물고기 반짝이고
강 너머 보이는 김해평야에는
에코델타시티 신도시가 바쁘게 발을 내린다

저 멀리 반대편 가덕도 신항만에는
경제를 매달은 수많은 컨테이너
크레인에 이끌리어 여기저기 쌓이고
항구를 출항하는 선박들의 움직임이 바쁘다

그리움만 가득한 우리 집에는
오가는 두 딸애의 효심에
사랑으로 익어가고
아빠를 기다리는 문간이 비좁다

낙동강의 가을

굽이굽이 돌아 나온 세월을 본다

쉼 없이 지나온 길
무수한 한恨들이 조각되어 흐른다

피로 붉게 물들었던 낙동강이여!
동백꽃처럼 떨어진 젊은 영웅들이여!
흔적이 없어져도 마음에는 서려있다

동족상쟁
강줄기 따라 코스모스 피우며
가을 맞는 낙동강은 슬픔에 못 이겨
푸른 하늘을 향해 물안개를 토한다

삼락공원

낙동강 줄기 따라 이루어진 둔치에
이상한 인간들 다 모였다
동식물보다 인간구경에 더 바빠진다

시詩가 걷는 거리만큼
가까이에서나
멀리에서 바라보는 눈길이 시리다

간밤에 내린 비가 흙탕물 튀어 무너진 꽃 색깔
비를 기다리다 봉오리 피워낸 꽃들
인간들이 사는 형식과 매우 닮았다

구경꾼이 아니라 침입자들
풀들은 참다못해 군락을 형성하여 초지를 만든다
침입자들을 막는 최상의 지혜다

노을은 노인의 앞을 비추며
달빛은 벗겨진 노인 머리 위에 미끌어진다

삼락공원에는 볼 것이 참 많다

역동의 양산

생명이 다채롭게 어우러진
낙동강 하구
모래톱 위에 세워진
양산의 황산 공원

그 위에
문화와 역사의 숨결이 깃들어
행복하게 살 수 있는 곳이 되었다

산업공단은 힘차게 가동되어
기업이 번창하고
시민의 생활이 역동적이다

신도시 양산에
터를 잡고 승승장구의 발걸음 내딛는
세계적인 의료메카 부산대학병원이 있고
천성산 기운이 서린
천년 고찰 통도사가 있지 않는가!

오!
우리의 양산시
부,울,경, 메가시티의 수도로 발전하는
희망찬 도시여!

황산 공원

낙동강 아랫도리
고수부지에 자연환경 가꾸어
양산시를 빛내는 황산 공원 들어섰다

습지에는 갈대밭
잔디밭엔 가족 단위 켐핑족
노소를 막론하고 모두가 즐긴다

아침 이슬 마를 즈음
노고지리 높이 올라
편안한 치유의 휴식을 노래한다

다양한 삶을 위해
낙동강 하구에 계류장이 조성되어
유람선이 왕래하고
수상레포츠가 검은 구름을 걷어낸다

태화강 십 리 대숲

심하게 일렁이며 흔들려도
쓰러질 듯 쓰러지지 않는 지혜
어디서 배웠을까?

십리대숲 걸어가면
강바람이 대금大笒을 불고
태화강 흐르는 물에 별들이 내린다

대숲에 찾아오는 어두운 밤
달빛 따라
여름이 흐르고 젊음이 흐른다

이슬을 받아내는 싱그러운 댓잎
청아한 바람 맞아
십 리 길 걸으며 아침을 연다

통도사

영취산에서 불어오는 바람
아픈 사랑 비우지 못해
멍울진 마음으로 매화꽃에 내리네

처마 끝에 매달린 풍경이
참선하는 불자의 마음이 흔들릴까
조심스레 몸을 흔드네

매화는 부끄러워 얼굴을 붉히며
지워보려 애쓰는 중생들의 멍울진 가슴을
곁에 서 있는 석등에다 태우고 있네

욕심을 태우고
허무를 태우고
빈 가슴으로 무아세계로 들어가는
통도사에서 나는 참선을 하네

진해 행암항

먼바다로 떠난 남편
무사히 귀환하기를 비는
여인들의 간절한 마음이
행암 바위에서 눈시울을 적신다

코로나로 적막감이 감도는 작은 어촌에
남아 있는 강태공은
한적하게 기다림만 낚아 올리고
붉은 노을에 상념만 깊어간다

행암항 러브죤 흔들의자가
텅 비어 있어
바람만 왔다가는 쓸쓸한 모습
의자는 괴로워 몸부림친다

문동 폭포

아찔한 벼랑 끝
용이 승천한 길 따라
큰 물줄기 흐른다

너럭바위 위에
어린아이 눕고
물속에 발 담근 여인들
여름을 식힌다

여름을 즐기는 얼굴에는
환희의 미소가 오가고
생기 충만한 숲속에서 새소리마저
교향곡을 연주하는 연주자가 된다

밝은 햇살은
정겹게 폭포 주위를 감싸며
아름다운 무지개를 만든다

유달산 노적봉

아름다운 유달산에
돌사람으로 태어난 기암괴석들
이순신 장군의 의인전술擬人戰術에
지혜가 서려있다

아군을 먹여 살릴 무한한 군량미에
적군을 무서움에 떨게 했던
바위 위에 쌓아놓은 볏집들
내 나라 지키기에 여념이 없다

삼학도에서 출렁이는 윤슬 위에
갈매기는 목포를 노래하고
수평선에 번져가는 불타는 노을
나그네의 넋을 잃게 한다

올림픽 도시 평창에서

세계의 눈들이 평창으로 향했다

성스러운 불꽃은
멀고 먼 동방의 나라
한국에서
세계 동계 올림픽을 개최하는
평창에 도달했다

날씨는 차갑지만 훈훈한 인간미
열정을 쏟아붓는 평창은
세계의 뜨거운 용광로가 되었다

분단 된 지 반세기 넘도록
서로를 질시하며
살아온 우리
하나 된 가족으로 서로 손을 맞잡고
뭉클한 감동 속에 함께 출전하는 모습에
세계가 놀라고 산천이 놀랐다

신神이 내린 축복
한반도 위에 맴돌고
세계 동계 올림픽이
강원도 평창에서 열려
모든 사람 가슴마다
평화의 꽃을 피웠다

추암 촛대바위

함께 살다
심한 질투를 보다 못해
하늘이 데려 가버린 두 여인
망부석望婦石이 된 어부가
아직까지 기다려도 오지를 않네

수만 년 동안
해변의 바위에게 발목이 잡혀
움직일 수 없네

추암동 앞바다에서
기다리는 어부의 마음이 안타까워
동해에 출렁이는 물결조차 슬퍼 산산 조각이 나네

오늘도 돋는 해를 바라보는
추암 촛대바위
들리지 않는 큰 소리로 아내들을 부르네

내 고향 제주도

따스한 어미의 숨소리가 그리워지면
제주의 방언을 안고 불어오는 바람을
온몸으로 맞으려
해변에 온다

출렁이는 물결 위에
햇볕을 안고 밀려드는 파도
어머니의 정성이 푸르게 살아있다

언젠가 지워질 기억 속이라 해도
그리움이 달려있는 고향은
귤나무에서 익어간다

많은 세월 지나도 잊히지 않는
내 고향 제주도
황홀한 석양 바다로 돌아와
부모님 계셨던 정겨운 그곳에서 여정을 풀고 싶다

회룡포

열 달을 휘돌다
운명의 배를 타고
싫어도 나와야 하는
멀고도 먼 뱃길
회룡포 같은 세상으로 나왔다

세월을 휘돌아 감아도
오르지 못한 하늘
낮은 곳에만 익숙해서 살던 땅 위
용의 꼬리라도 잡아
엉겁결에 비상이라도 할까?

천민이 따로 없는 현실이라지만
오를 수 없다면 무엇과 다를까

어미의 배 속에서 꿈꾸던 세상
회룡포를 돌아보면
휘감아 돌아가는 태풍의 눈 같아도
천혜의 비경이 따로 없구나

해금강

갈매기 하나
금강산에 날아가
해금강 바위 하나 물고
거제도 앞바다에 떨어트렸는가?

바다 위에 솟아올라 기암괴석 되어
먼바다를 바라보며
한恨 서린 전설 된 고향을 바라본다

거친 파도 높게 일어나는 날이면
촛대바위 불 밝혀
두 손 합장하여 비는 마음
누가 알까?

분단된 내 민족 한 몸이 될 때까지
갈매기는 유유히 흐르는 물길 따라
해금강을 지나는 배들을
조심스레 이끈다

경포대

별이 내리는 경포대 해변
당신이 가슴을 열고
거품처럼 밀려오던 부서진 영혼
하얀 물거품처럼 흩어진다

고운 백사장 위에서
마주 앉은 눈빛 속에는
가득히 고인 아름다운 별빛이
회한의 눈물 되어 백사장에 떨어지는구나

온 밤을 함께 지새워도
모자라는 이 밤
길 잃은 갈매기 한 마리 끼룩대며
정처 없이 밤을 가로지른다

오죽헌

조선 정조 시기 최고의 학자
율곡 선생 생가에 자랐던 검은 대나무
신사임당 사군자도 검은 대나무에서 태어났다

한국인의 얼과 혼이 오죽에서 나왔을까?
겉은 검게 보이지만
올곧은 기상은 꺾이지 않았다

모자간을 이어준 오죽
텅 빈 오죽헌에 주인이 없어도
오죽만 살아남아
후세에 찾는 이에게 귀감이 되는구나

장자도 모래톱

서해 최고의 절경
섬들의 무리들
고군산군도를 아는가?

선유도의 망주봉에서 쳐다보면
평사낙안이 보인다

강물 따라 내려온 모래
바다 어귀에 모래톱을 쌓아
땅에 내려앉은 기러기를 닮았다

그 이름도 아름다운
평사낙안平沙落雁이 되었다

글씨를 예쁘게 잘 쓰는 것을 비유하거나
아름다운 여인의 맵시를 비유적比喩的으로
이르는 말을 말하지 않는가!

모래톱 평사낙안에 집을 짓고 사는
조개와 게들은 얼마나 행복할까?
오늘 하루 여행은 끝나고 있다

무릉도원

김해 무척산 정상에서
신선봉 아래를 보면
인적 드문 계곡에 떨어지는 폭포가
이루어 내는 작은 호수
선녀탕이 따로 없다

울창한 숲은
뜨거운 햇살을 가려주고
계곡에서 흘러내린 물에는
송사리 떼 모여들어
발등을 간지럽히고

단발머리 소녀가
물속 다슬기를 줍다가
살며시 짓는 얼굴
상큼한 자연 닮은 미소가 귀엽다

맑고 시원한 계곡에 내려와

너럭바위에 드러누워
폭포수에 온몸을 맡기면
충전 되는 행복에
신선도 부럽잖은
무릉도원이 여기가 아닌가 착각을 한다

홍시

첫눈 내리던 날
앙상한 가지 위에
추위에 볼이 빨간 홍시

후루룩 마시듯 들이키는
이빨 없는 할머니
몇 개 남은 까치밥 홍시
모두 따다 드리고 싶다

하나면 족하다는 할머니 말씀에
하염없이 찬 서리 맞으며
까치를 기다리는 홍시 하나가
외롭게 하늘을 지킨다

시집 추천사

추 천 사
– 이석봉 시인의 시집 『인생길 나들목』 시세계

김 호 운
한국문인협회 부이사장 · 한국소설가협회 이사장

부산에서 지역 문학 발전을 위해 헌신하는
천성문인협회 회장 이석봉 시인께서
이번에 시집 『인생길 나들목』을 펴낸다.
제목에서 시사하는 것처럼 이번 시집에는
시인의 지난 삶에서 마주쳤던 인연들,
사물 사람 자연을 비롯하여
내면 깊숙이 감추어진 사유의 결까지
하나 하나 시로 빚어 수록했다.
보통 문인들이 자신의 삶을 총체적으로 조망하여
기록으로 남길 때는 자서전 또는 수상록이라는 이름으로 묶는데
특이하게 이석봉 시인은 산문이 아닌 운문으로 담았다.
시인이니 당연히 시로 표현하는 것이겠지만,
산문이 아닌 운문으로 표현함으로써
삶의 결을 더 아름답고 웅숭깊게 묘사하고자
한 게 아닐까 짐작한다.
표제어로 가져온 『인생길 나들목』을 비롯하여
"통도사", "태화강 십 리 대숲", "동반자의 노래"에서
이런 저자의 의도가 잘 녹아있다.

추 천 사

– 이석봉 시인의 시집『인생길 나들목』시세계

권 갑 하

한국문인협회 부이사장 · 문화콘텐츠학 박사 · 시인

감동을 주는 좋은 시는
삶에 그 뿌리를 내릴 때 진정성이 빛난다.
현실과 동떨어진 시적 진술은 공허할 뿐이다.
'나들목' (「인생길 나들목」)은 인연이 오가는 교차로다.
그 곳에서 사랑이 잉태되고 시가 꽃핀다.
인연의 삶이 시의 고농축 자양분인 이유다.
'길지 않은 인생을 따뜻하게 덮어주며/
살아가는 기쁨' (「동반자의 노래」) 또한 '당신' 에서
비롯된 것임을 깨닫는 일 또한
그런 자양분의 아름다운 발현이다.
'얼마나 바람에 시달려야 꽃 한 송이 피울 수 있을까'
(「구절초」) 시 한편의 힘겨운 꽃피움을 노래한 이 구절 또한
삶에 뿌리내린 시인의 성찰의식이 빛난다.
그런 점에서 이석봉의 시는 '청아한 바람' 같고,
'싱그러운 댓잎' (「태화강 십 리 대숲」)처럼 푸르다.
무엇보다 '엇갈리는 의견에는 서로 양보하' 는
'따뜻한 사랑' (「동반자의 노래」)과 '우아한 고독' (「구절초」)의
삶을 뜨겁게 껴안는 현실의식은 이석봉 시가 지닌 값진 미덕이다.

추 천 사

– 이석봉 시인의 시집 『인생길 나들목』 시세계

김 한 호

문학박사 · 문학평론가 · 시인 · 수필가

이석봉 시인의 『인생길 나들목』은
자신의 삶을 통해 느낀
정감을 진솔하게 드러내고 있다.
그의 시는 다양한 일상의 일들이나
평범한 사물들을 관조적으로
시화하여 형상화하고 있다.
그는 순수하고 소박한 마음으로 시어를 꾸밈없이
씨줄과 날줄로 엮어 살갑게
독자들에게 다가가고 있다.

추 천 사

– 이석봉 시인의 시집 『인생길 나들목』 시세계

이 광 년

문학박사 · 문예창작 지도교수 · 한국시조협회고문 · 시인

이석봉님의 시집 『인생길 나들목』에는
험난한 삶이 여정에서 건져 올린
깨달음의 미학이 빤짝빤짝 빛나고 있다.
번뇌 많은 인생 길을 '고해' 라고 하는데
그 파고 높은 풍랑을 굳센 의지력으로 이겨내고
이상향을 향해 나아가는 작가의 모습이
인간 승리자로서의 귀감이 되어 떠오른다.
노자에 '지족불욕知足不辱 지지불태知止不殆' 라고 하였는데,
석봉님은 선비적인 무욕과 무아의 정신으로 참선수행하면서
그 깨달음을 문학적으로 승화 시키고 있을 뿐만 아니라,
향기로운 삶을 지향하고 있어
글의 품격을 높여 주고 있다.

이석봉 시집

인생길 나들목

2022년 6월 15일 인쇄
2022년 6월 20일 발행

저 자 : 이 석 봉
발 행 인 : 박 중 열
인 쇄 처 : 효성문화사
발 행 처 : 다솜출판사
주 소 : 부산광역시 중구 대청로135번길 10-1
TEL : (051)462-7207~8
FAX : (051)465-0646
등록번호 : 제2001-000001호(1994년 4월 22일)

* 저자와 협의에 의해 인지를 생략합니다.

정가 15,000원

ISBN 978-89-5562-717-6 03810

※ 본 도서는 2022년 부산광역시, 부산문화재단 〈부산문화예술지원사업〉
우수예술지원사업으로 지원을 받았습니다.